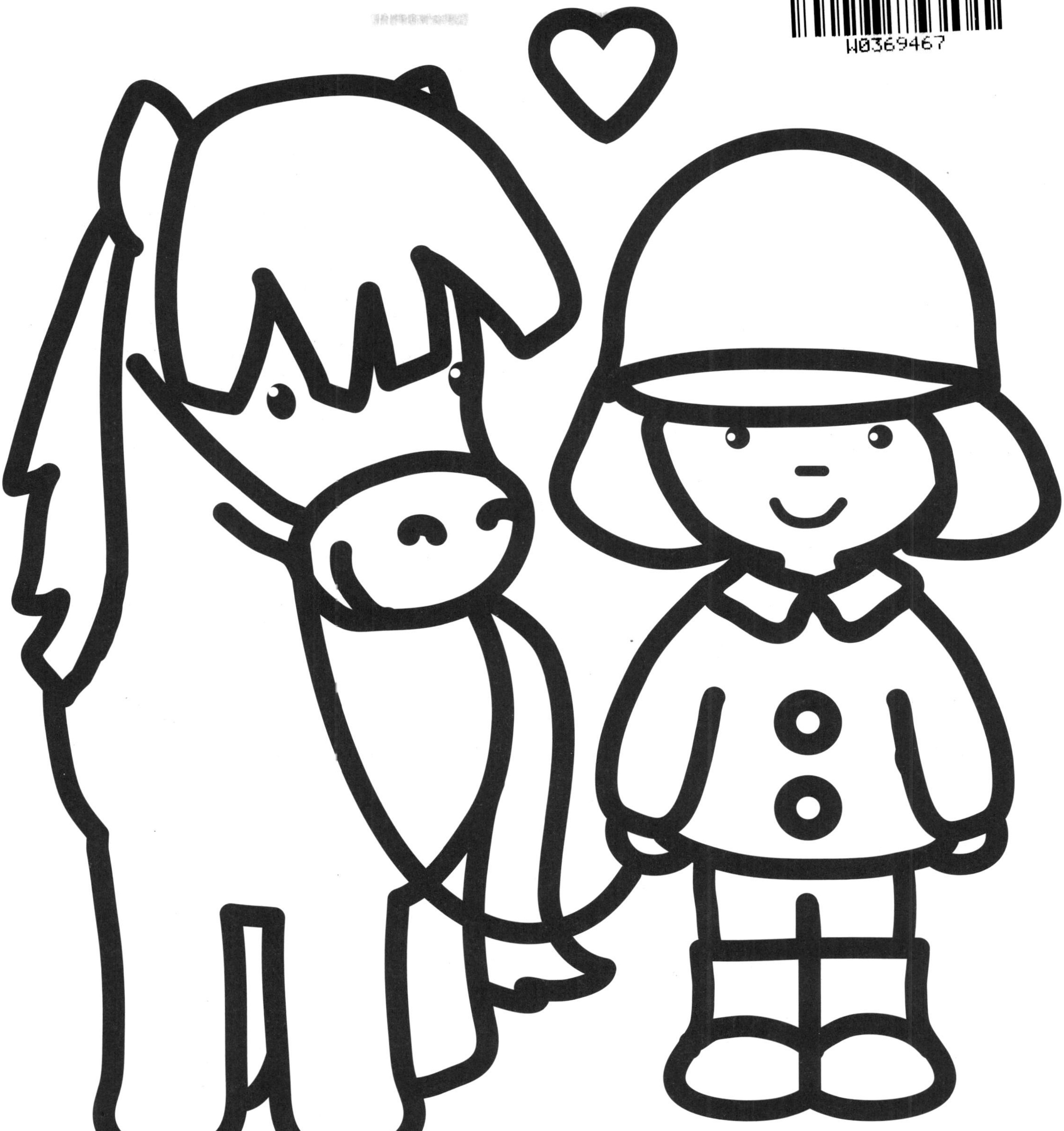

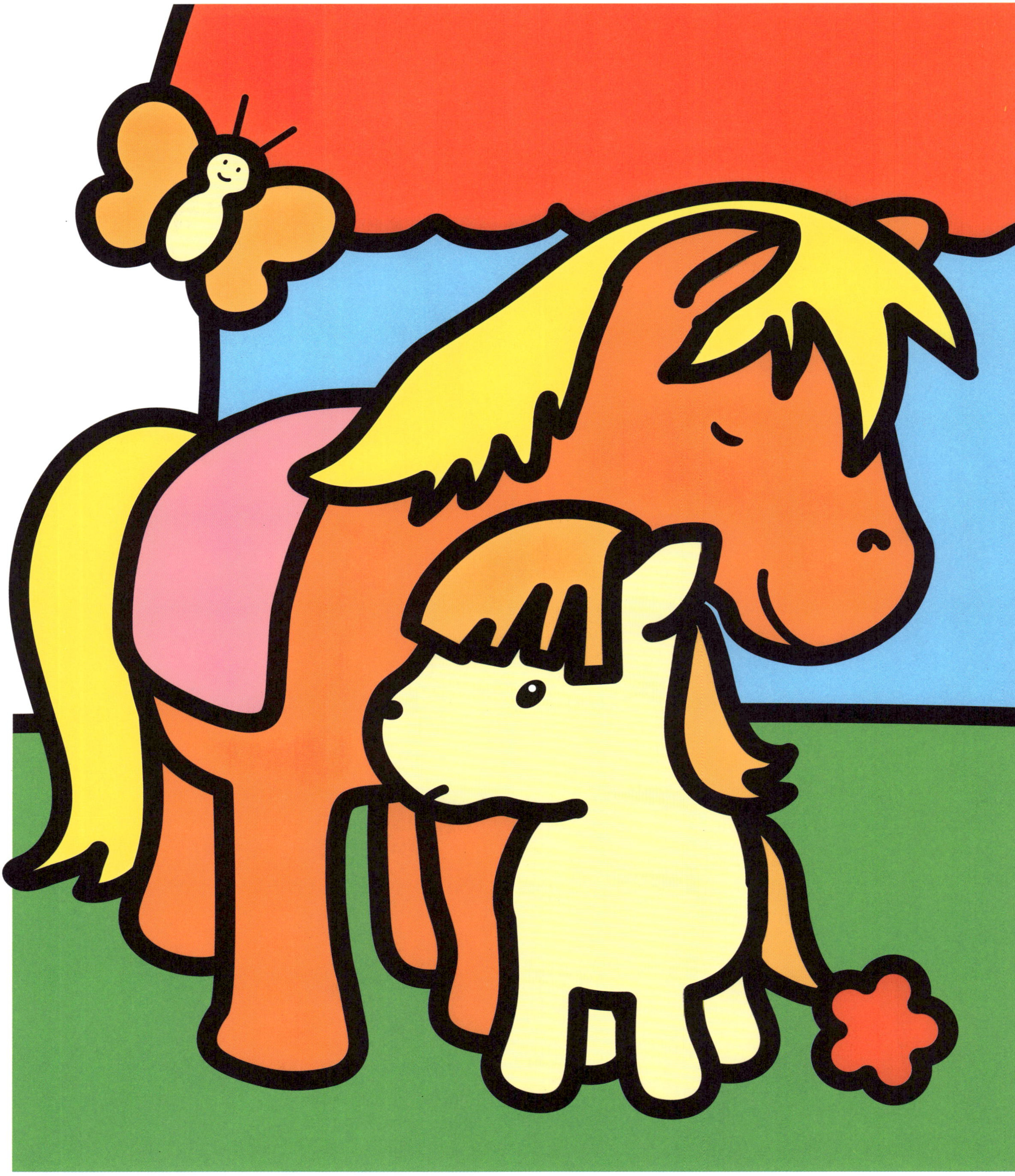

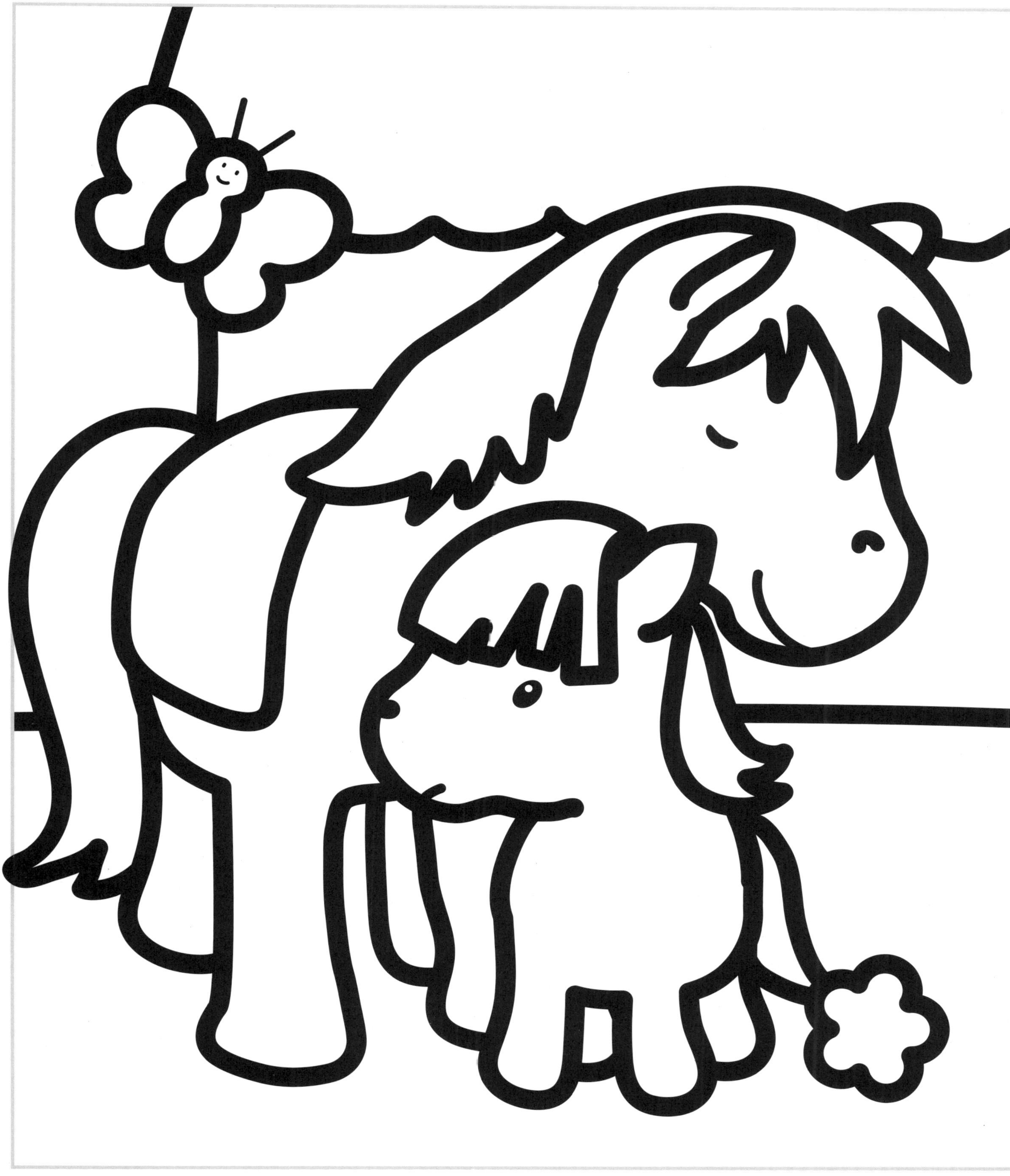

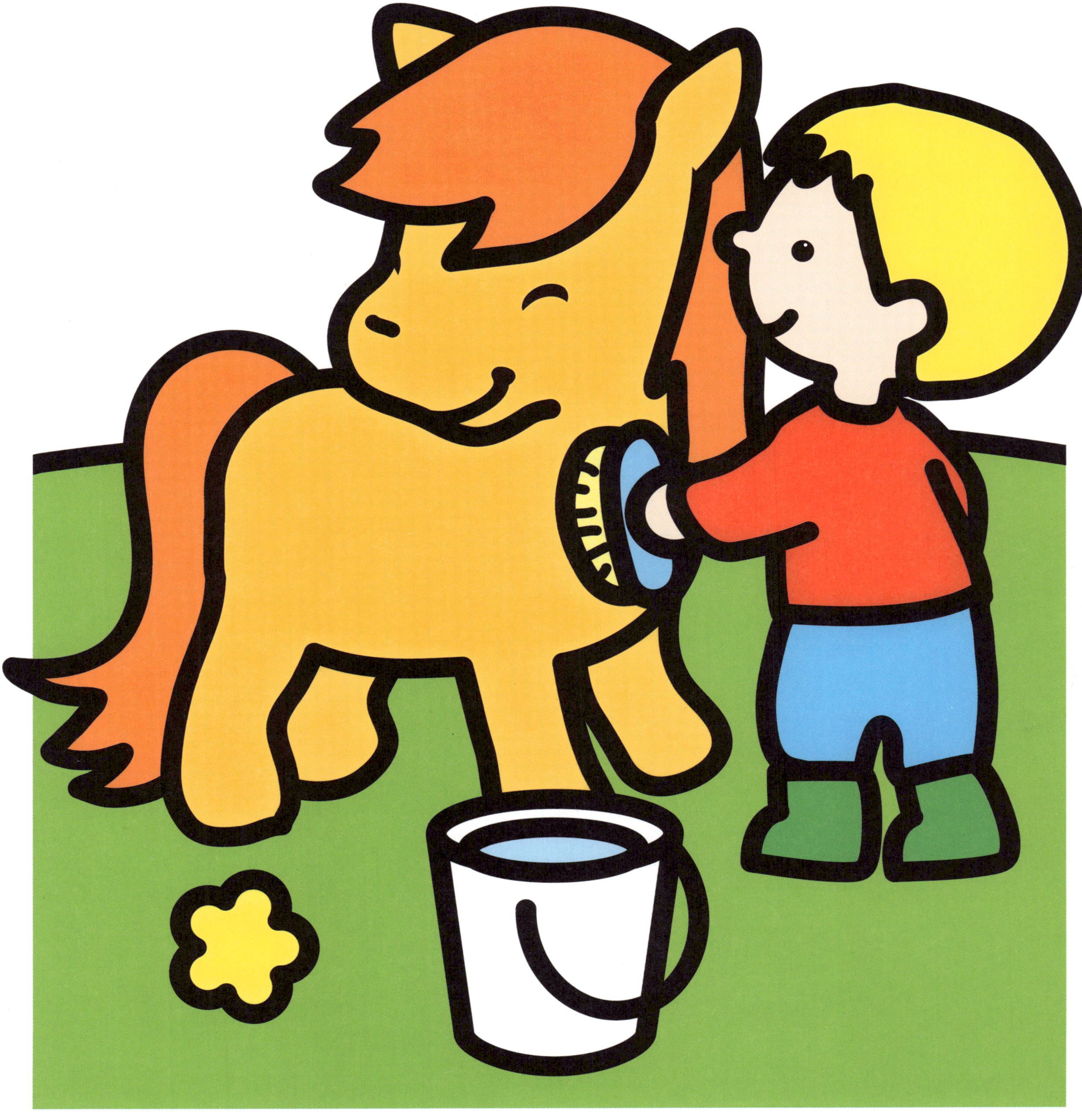

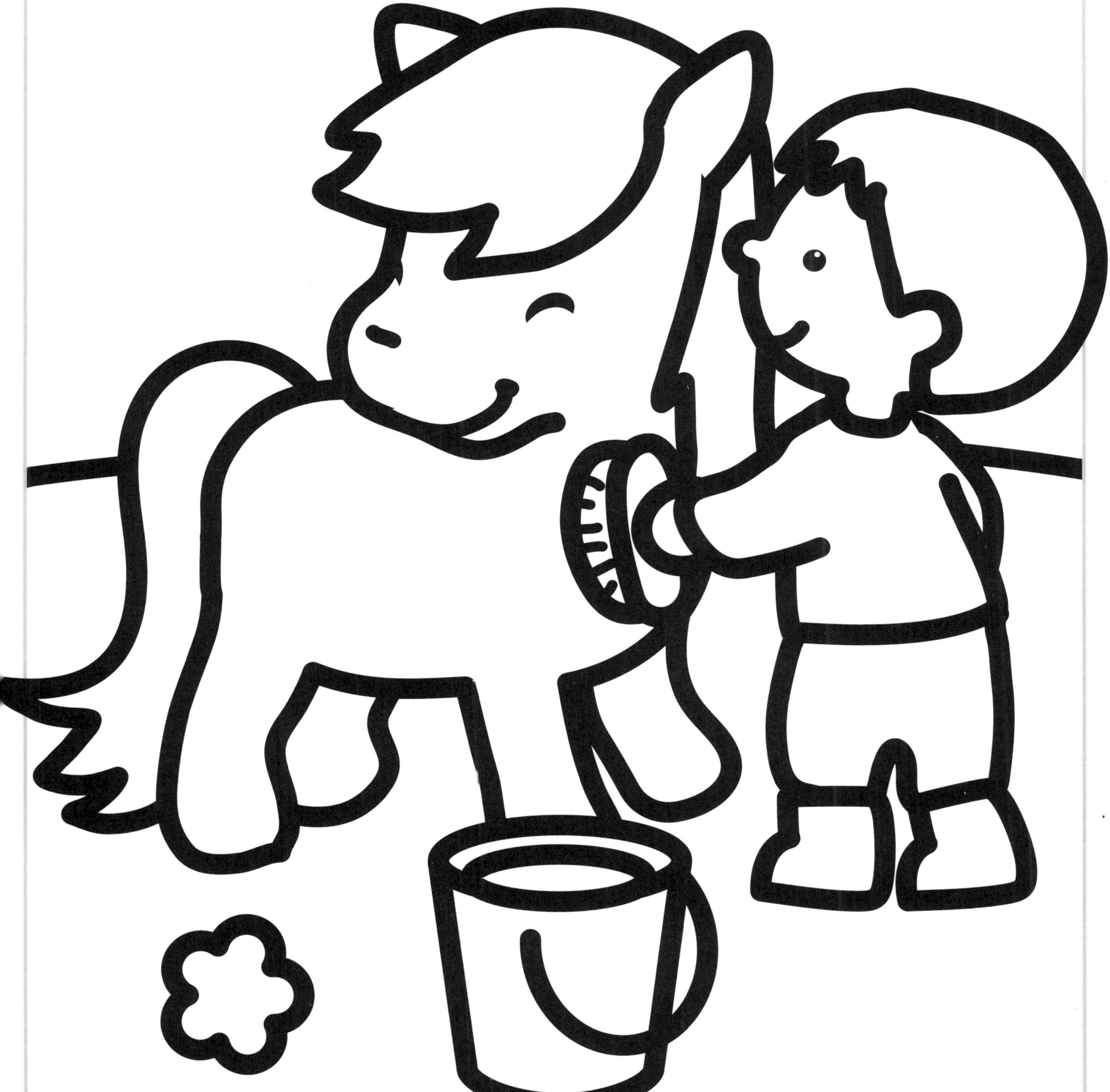

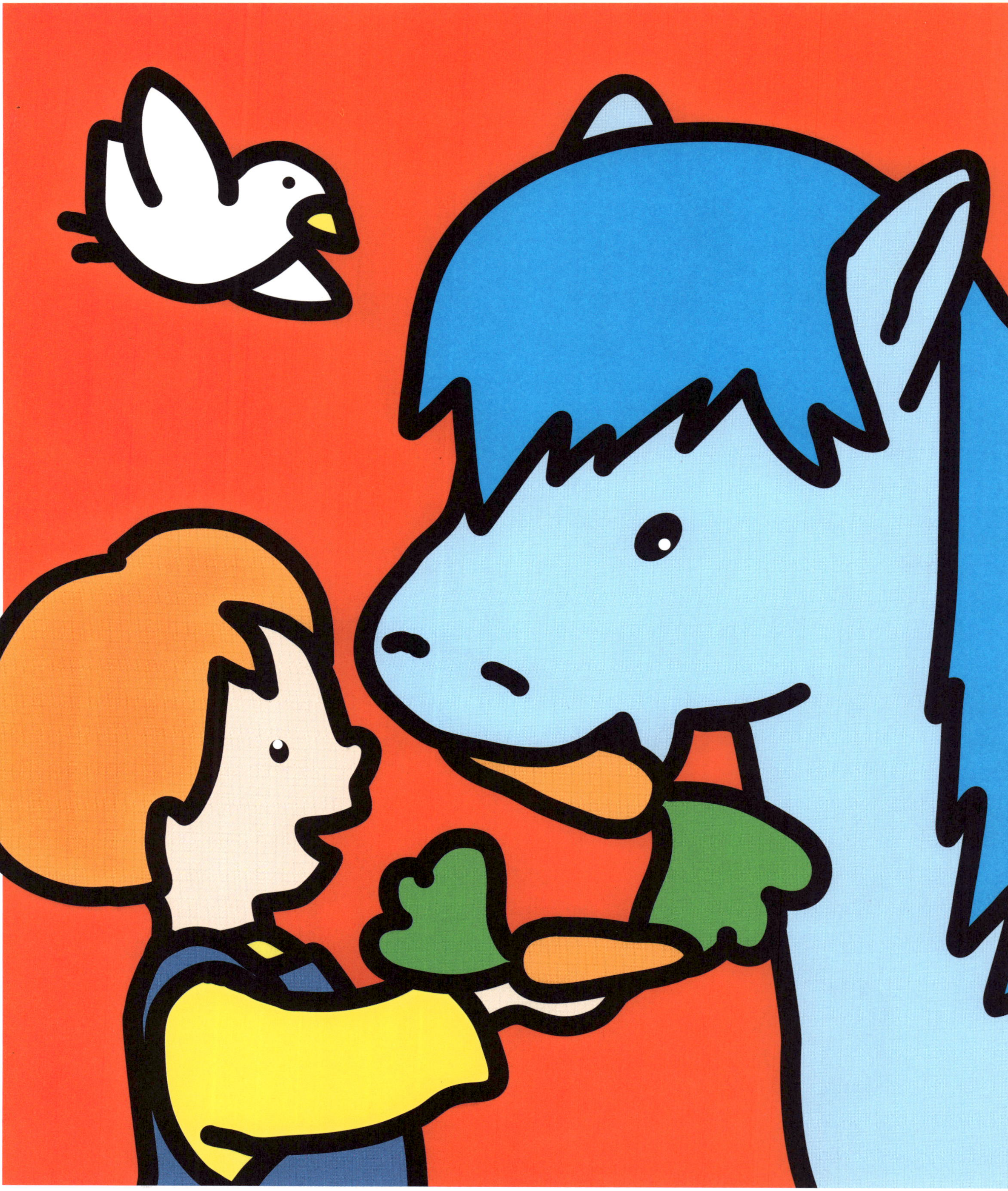

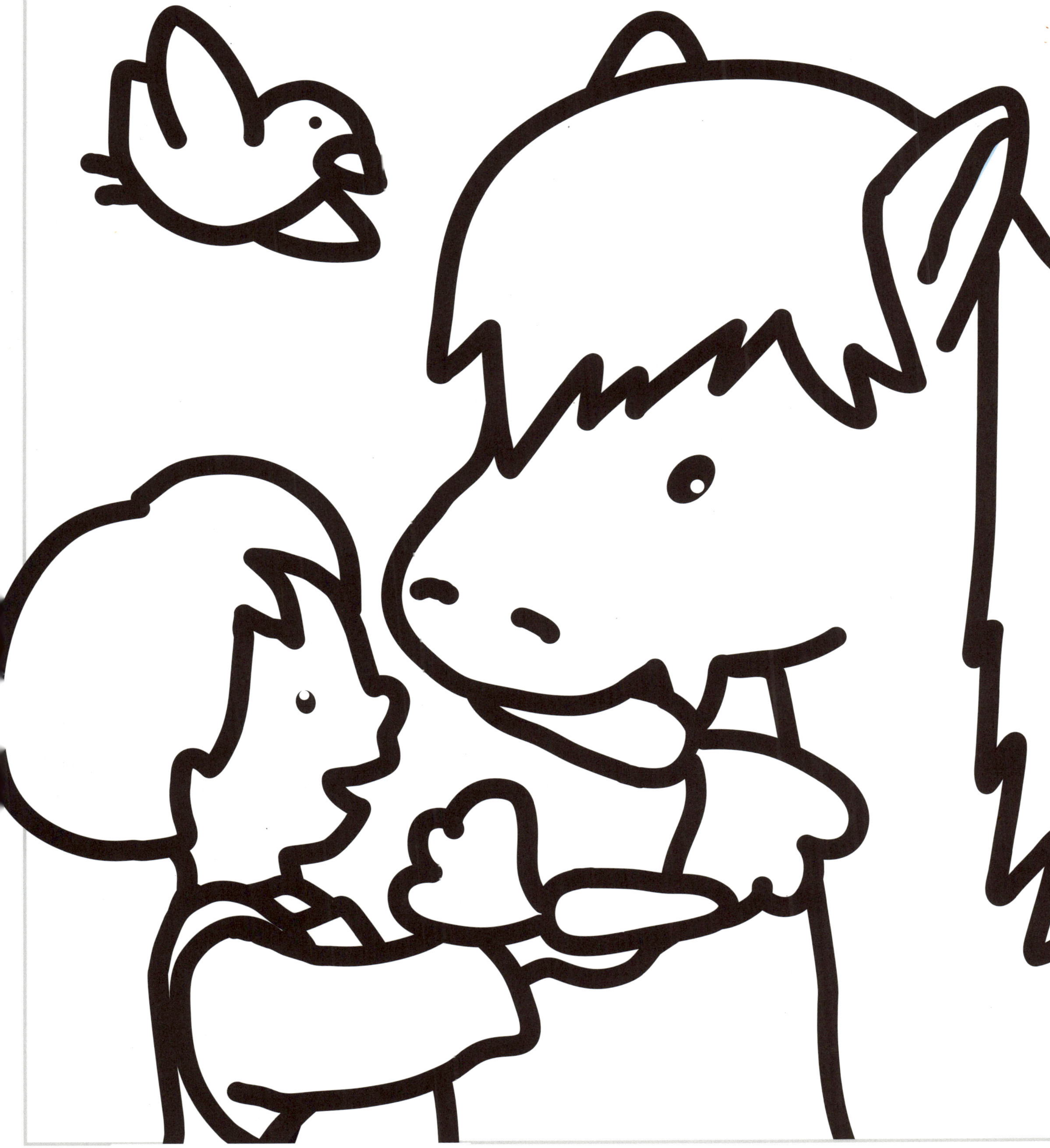

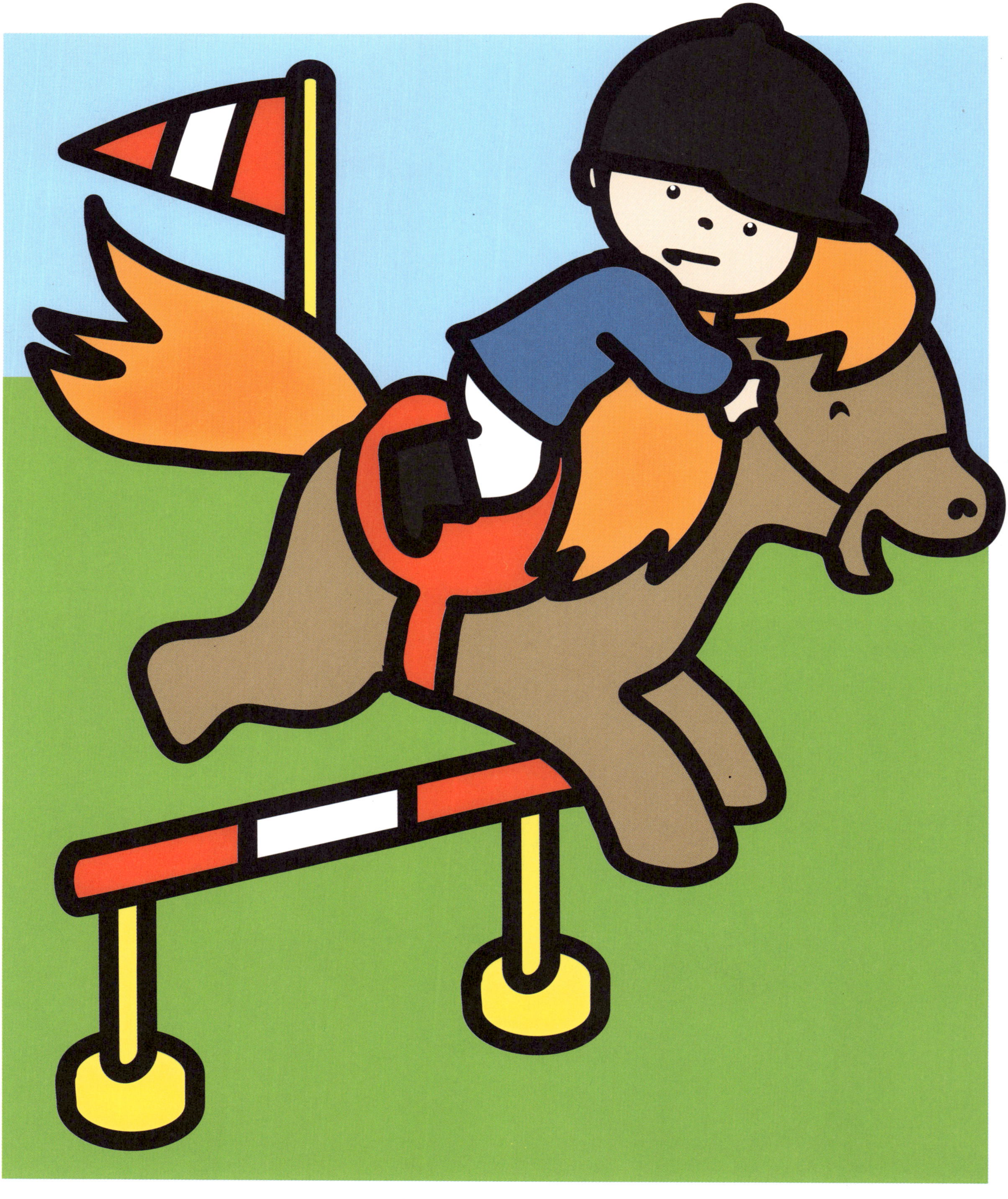

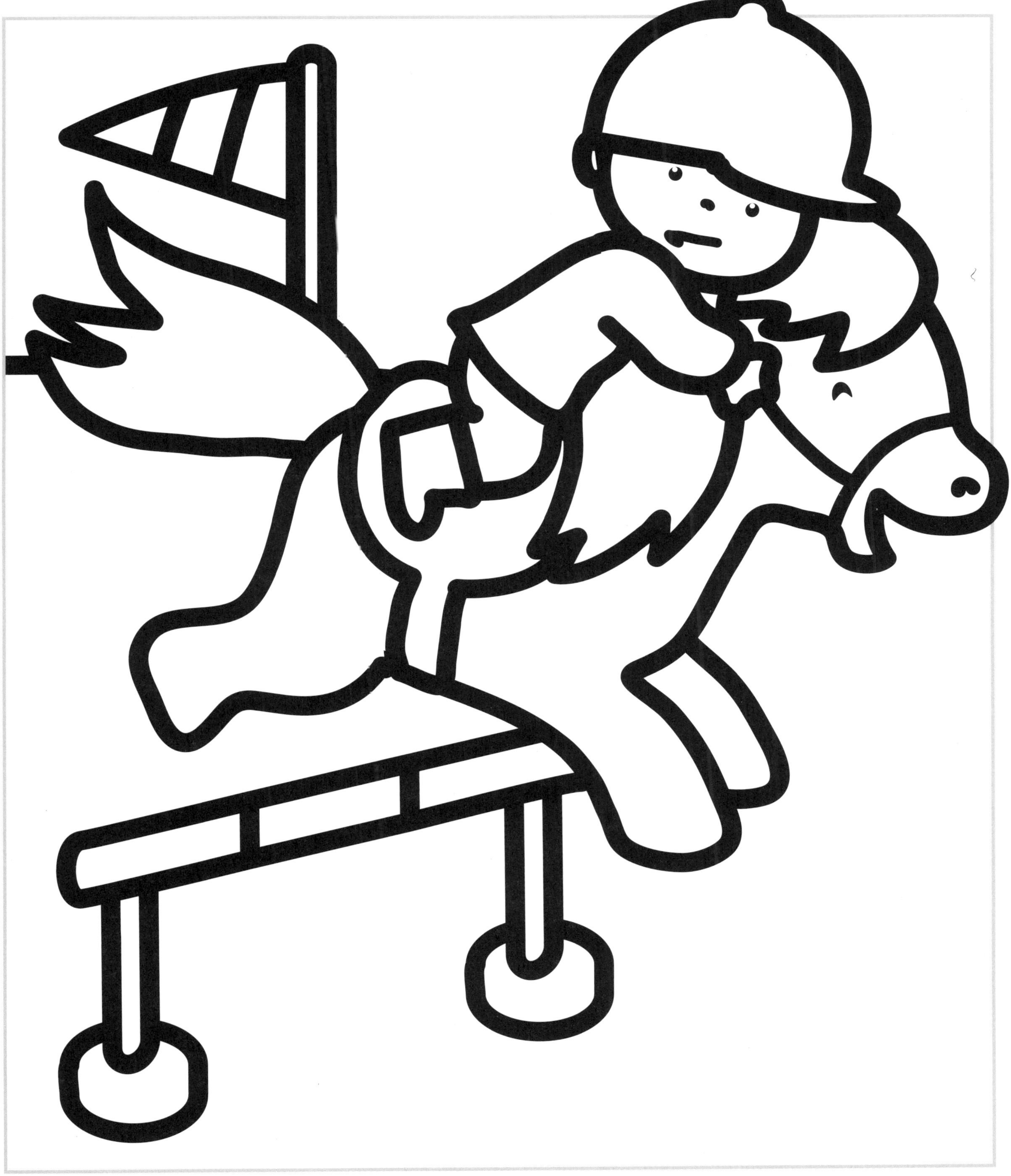

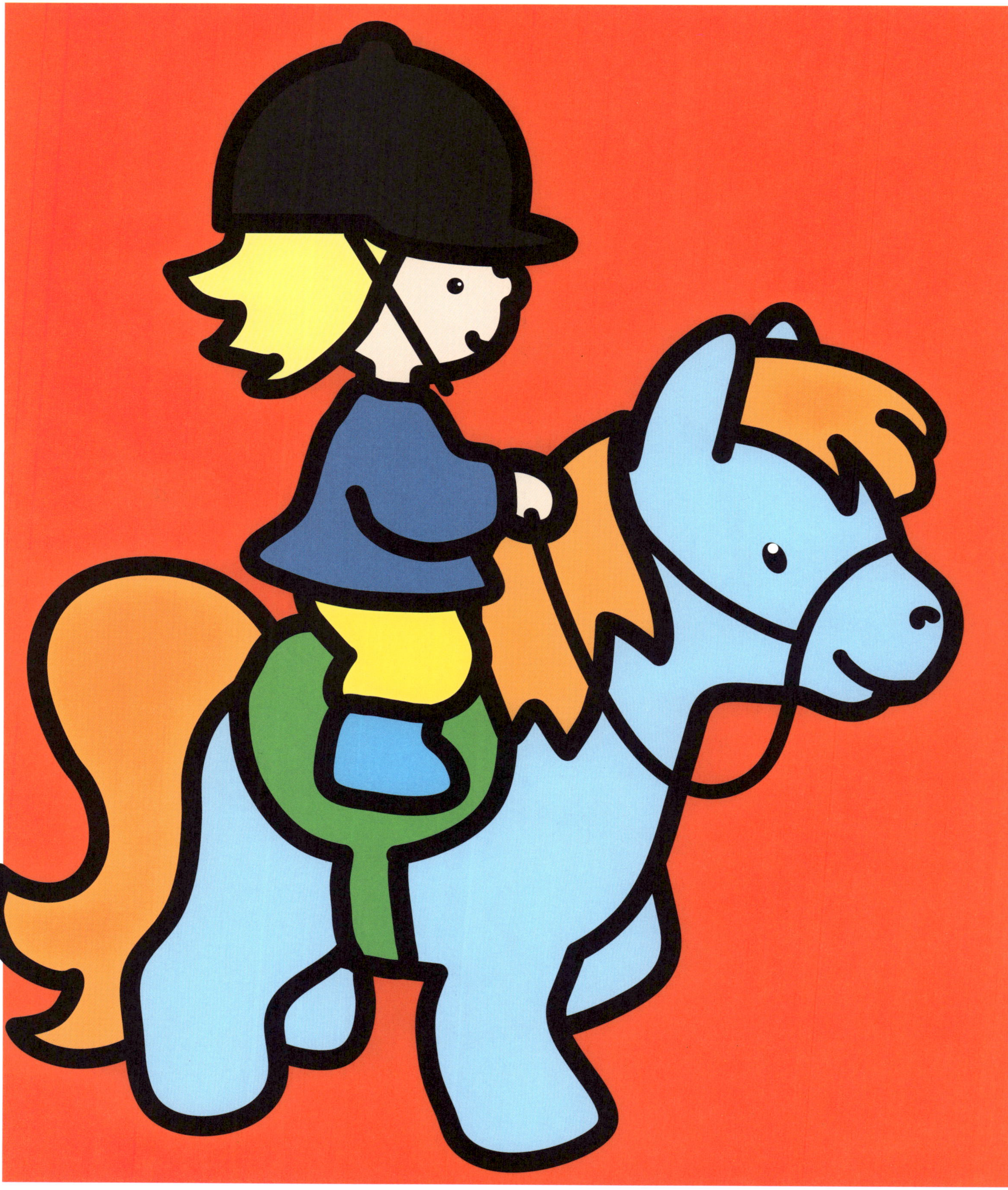

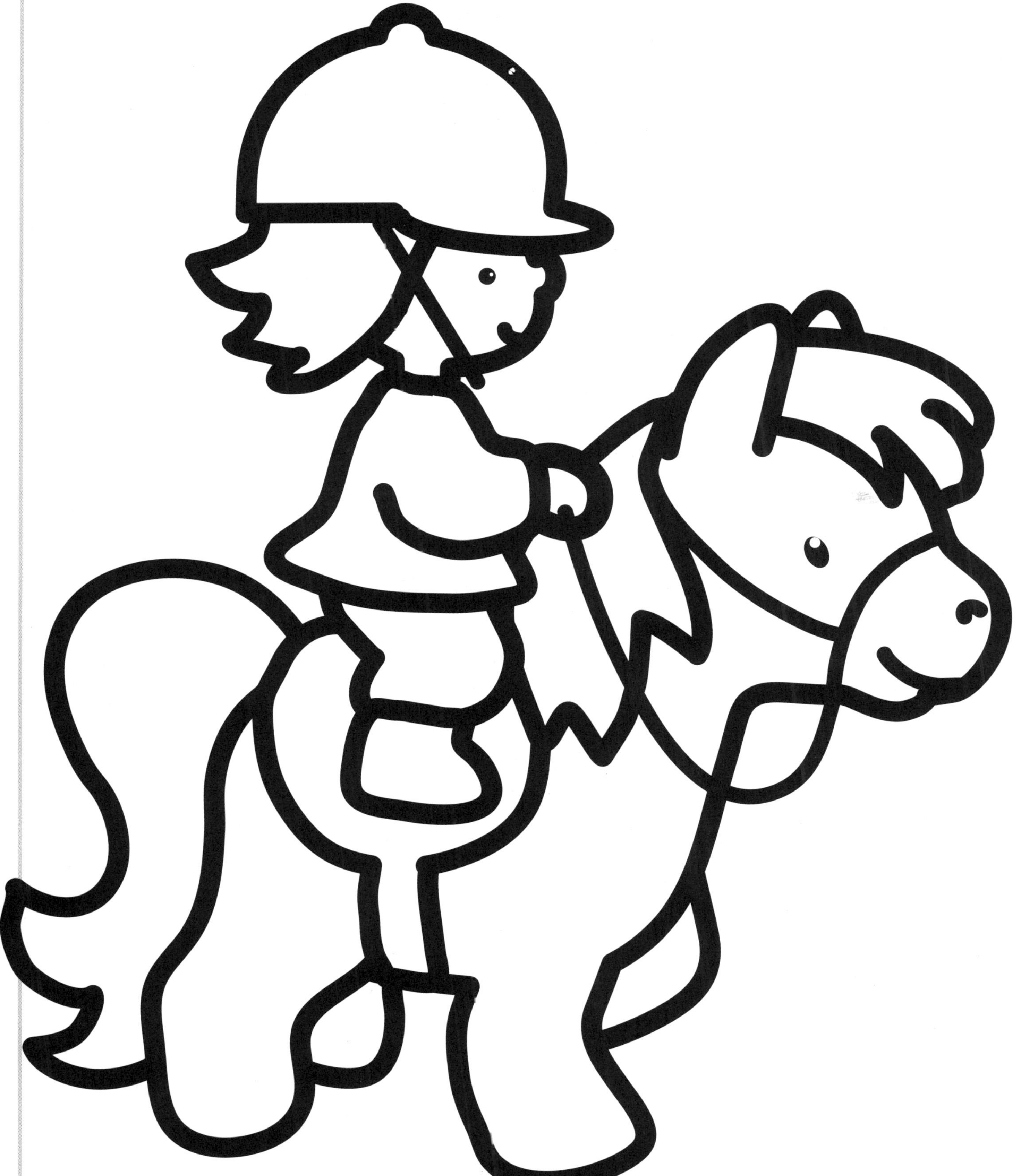

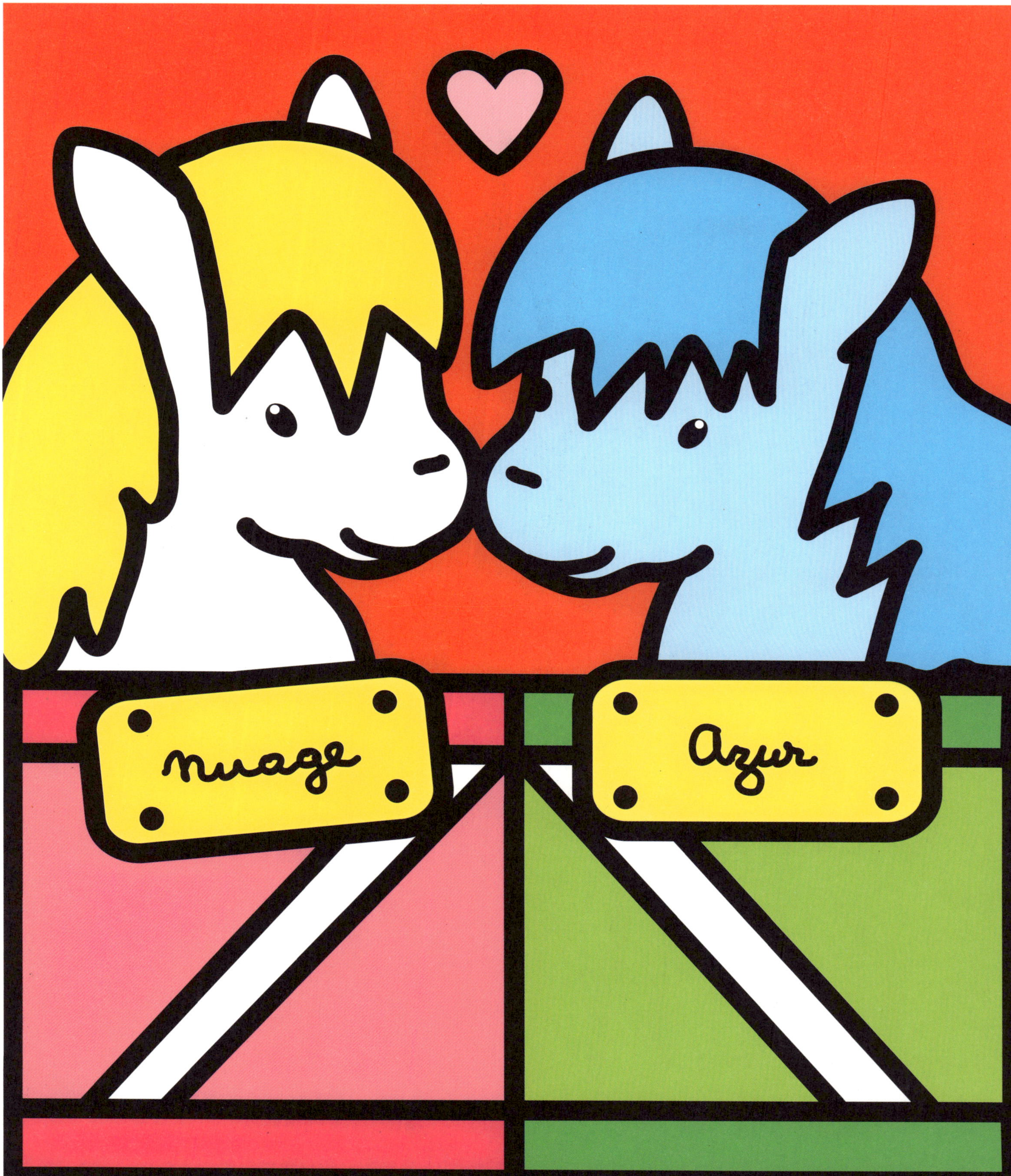
nuage
Azur